blanc

Agnès Delage-Calvet

et

Anne Sohier-Fournel

blanc

Broderie traditionnelle
et au point de croix

Photographies de Frédéric Lucano

Stylisme de Sonia Lucano

Marabout d'ficelle

Piochez dans vos armoires, ouvrez vos tiroirs, fouinez dans les merceries et osez ! Tout peut se broder... des coussins à l'étole, des draps aux simples torchons, du petit sac en lin à la grande serviette de bain... Quelques motifs romantiques et charmants, une ou deux aiguillées de Mouliné DMC blanc 5200 ou beige 3782; une aiguille et quelques points de base... rien de plus simple, suivez les conseils et les astuces des pages 27 à 31 et laissez-vous séduire par la broderie, le blanc pur et le beige ficelle !

1. Le tableau romantique
/ motifs pages 32-35

2. Le cache-pot
/ motifs pages 34-35

3. Les coussins porte-bonheur

/ motifs pages 36-37

4. Le cahier secret

/ motifs pages 38-39

5. Les petits cadres
/ motifs pages 40-41

7. L'étole
/ motifs pages 42-43

6. La veste
/ motifs pages 40-41

8. La lampe
/ motifs pages 42-43

9. La pochette
/ motifs pages 44-45

10. Les piquets du jardin

/ motifs pages 46-47

11. L'atelier de brodeuse
/ motifs pages 48-49

12. Les torchons
/ motifs pages 50-51

13. Le tablier
/ motifs pages 52-53

14. Les serviettes de bain
/ motifs pages 54-55

15. Les serviettes à thé
/ motifs pages 56-57

16. La taie d'oreiller
/ motifs pages 58-59

17. Les pots à confiture
/ motifs pages 60-61

18. Le carnet de broderie
/ motifs pages 62-63

Petit cours de broderie

Avant de commencer à broder,

assurez-vous que votre tissu est préparé pour qu'il ne s'effiloche pas au cours de la broderie. Vous pouvez soit le surfiler avec de grands points de bâti, soit tout simplement appliquer un ruban adhésif souple tout autour de votre ouvrage. Le tissu doit toujours être plus grand que le motif que vous désirez broder.

Pliez votre tissu en quatre pour trouver le centre de votre ouvrage. Faites de grands points de bâti sur la pliure horizontale et sur la pliure verticale. Ces lignes vous serviront de repères pour broder. Sur la grille, repérez ensuite le point central du motif que vous désirez broder. Commencez votre broderie par ce point en le plaçant au milieu de votre toile. Une fois la broderie terminée, enlevez les fils de bâti.

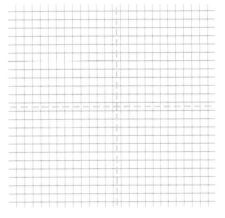

Pour obtenir des points réguliers, utilisez un tambour à broder. Tendez votre tissu sur le tambour en prenant soin de le déplacer souvent pour que la trame du tissu ne s'abîme pas.

Faites un petit échantillon de quelques points pour déterminer le nombre de brins de Mouliné nécessaires pour la toile que vous avez choisie. Ce petit échantillon est nécessaire pour tous les types de broderie. Le fil Mouliné DMC est composé de 6 brins. Coupez des aiguillées de 40 cm environ. En règle générale, sur une toile Aïda de 5,5 points par centimètre, il faut prendre 2 ou 3 brins de Mouliné DMC, sur une toile de lin de 11 ou 12 fils par centimètre, il faut travailler avec 2 brins de Mouliné sur 2 fils de chaîne et de trame. Cependant, si vous voulez broder sur un seul fil de chaîne et de trame, utilisez un seul brin de Mouliné.

Lorsque vous commencez, prenez une aiguillée de 1 m de 1 fil de Mouliné. Pliez-la en deux et commencez la première diagonale du premier point en passant l'aiguille dans la boucle à l'envers. Tirez doucement pour bloquez le fil.

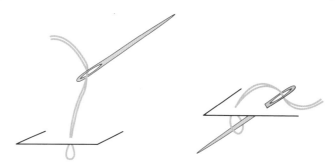

Lorsque vous terminez, glissez votre fil sous les trois ou quatre derniers points. Vous éviterez ainsi de faire des nœuds à l'arrière de votre ouvrage.

Pour transférer le motif sur votre support,

utilisez du papier carbone spécial broderie. Dans le commerce, plusieurs coloris sont disponibles. Choisissez-le en fonction du tissu que vous allez broder. Préférez un carbone blanc pour un tissu foncé, un carbone bleu ou rouge pour un tissu plus clair.

Photocopiez votre motif à la taille souhaitée, transférez-le sur une feuille de papier-calque en suivant parfaitement les contours, sans oublier les détails. Repassez soigneusement votre tissu et posez-le sur une surface plane en le tendant le plus possible.

Intercalez le papier carbone entre la feuille de calque et le tissu (face colorée contre le tissu). Maintenez les deux feuilles sur le tissu avec quelques épingles. Avec un crayon à pointe dure ou un stylo, repassez soigneusement les contours et les détails. Appuyez bien, pour que la totalité du motif soit transférée.

Une fois le transfert terminé, enlevez délicatement les différents papiers pour que le carbone ne tache pas le tissu.

Avant de broder,

lisez les conseils donnés pour la broderie, vous y trouverez quelques astuces pour faciliter votre travail.

19. Le vase

/ motifs pages 58-59

Pour broder les motifs et les grilles de ce livre,

vous n'aurez besoin que de sept points de base, tous très simples et faciles à exécuter.
Les motifs de broderie traditionnelle sont généralement réalisés au point de tige,
excepté de petits détails qui sont alors indiqués auprès de chaque motif.

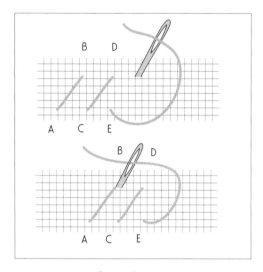

Point de croix
1 - Sortez en A, piquez en B et ressortez en C.
Piquez en D, ressortez en E.
2 - Recommencez en sens inverse. De E,
piquez en B pour former une croix.

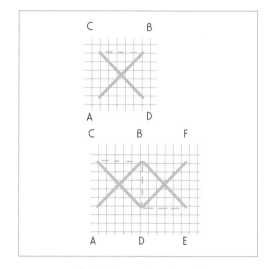

Point de croix alterné
1 - Sortez en A, piquez en B, sortez en C
et piquez en D.
2 - Ressortez en B, piquez en E, sortez en D
et piquez en F de façon à former sur l'avant
un point de croix. Les fils sont inversés
par rapport au premier point de croix,
et l'arrière forme un créneau.

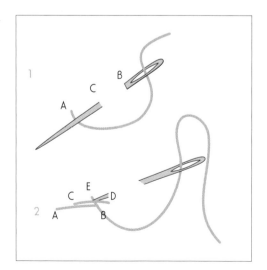

Point de tige
1 - Sortez l'aiguille en A et piquez en B.
Ressortez en C au milieu de AB.
La boucle doit être placée sous l'aiguille.
2 - Piquez en D et ressortez en B. La boucle
doit être placée au-dessus de l'aiguille.
Piquez en E et ressortez en D.
La boucle doit être placée sous l'aiguille.

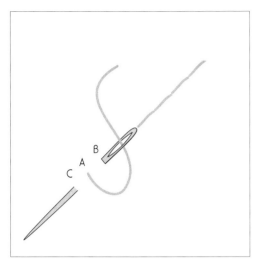

Point arrière

Sortez l'aiguille en A et piquez en B.
Ressortez l'aiguille en C. Le point AB doit être
de la même longueur que le point BC.

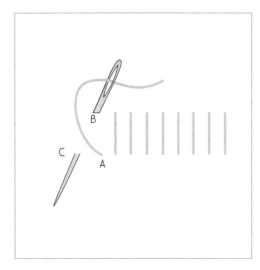

Point lancé

Sortez l'aiguille en A et piquez en B,
puis ressortez en C. Attention, le point
ne doit pas être trop long, sinon faites
deux points lancés l'un à la suite de l'autre.

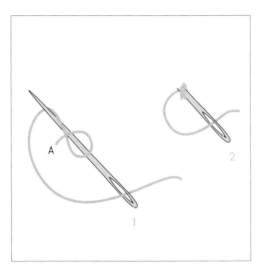

Point de nœud

1 - Sortez l'aiguille en A. Tenez le fil tendu
et enroulez-le deux fois autour de l'aiguille.

2 - Sans lâcher le fil, repiquez en A en faisant
glisser les boucles pour réaliser un nœud.

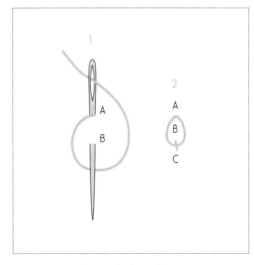

Point de bouclette

1 - Sortez l'aiguille en A. Faites une boucle
et piquez de nouveau en A.

2 - Sortez en B dans la boucle. Piquez en C,
juste en dessous de B, pour faire un petit point
de maintien sur la boucle.

1. Le tableau romantique
/ photo page 6

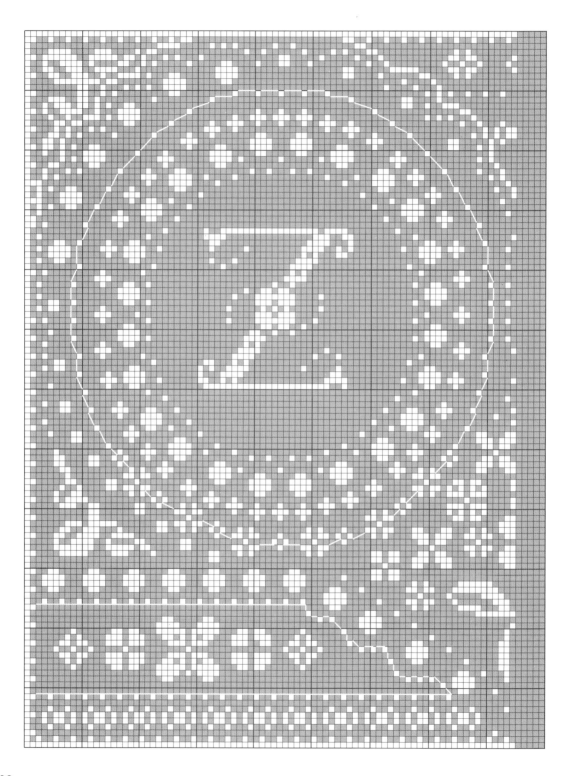

1. Le tableau romantique
/ photos page 6

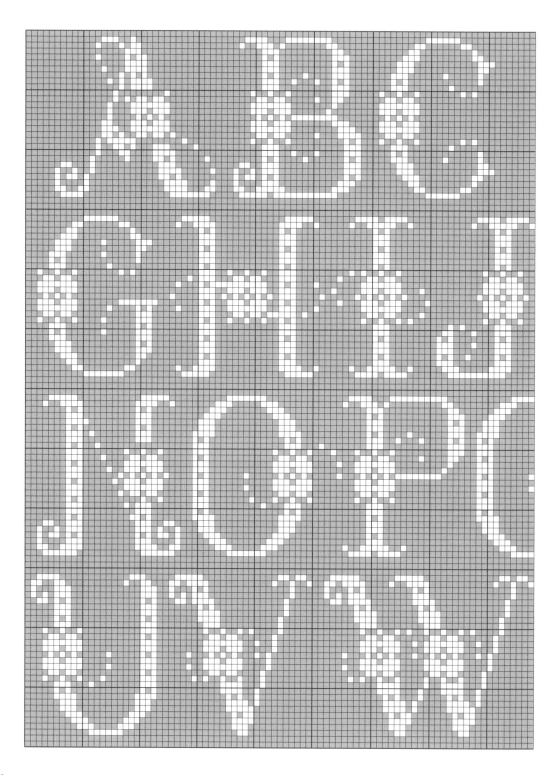

2. Le cache-pot

/ photos page 7

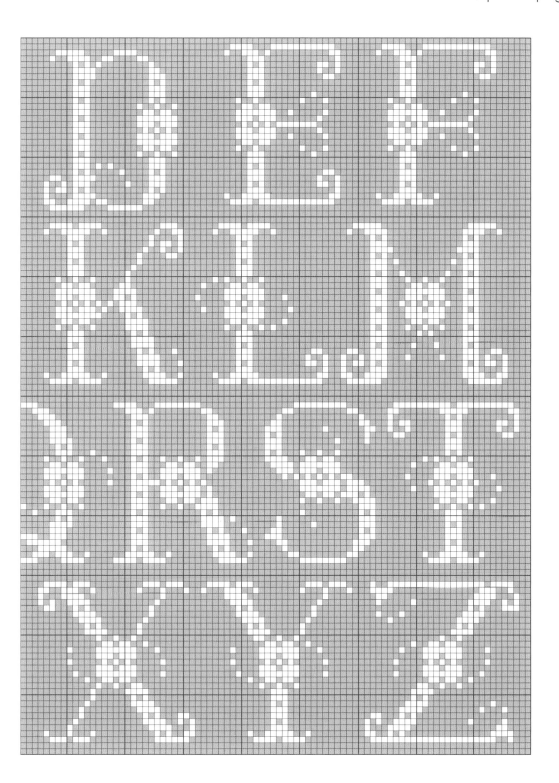

3. Les coussins porte-bonheur

/ photo page 8

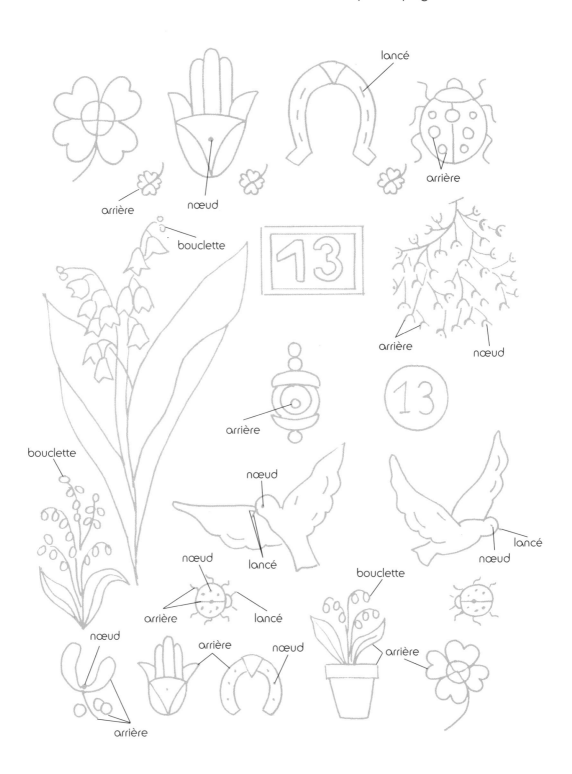

arrière

nœud

bouclette

arrière

nœud

arrière

4. Le cahier secret

/ photo page 9

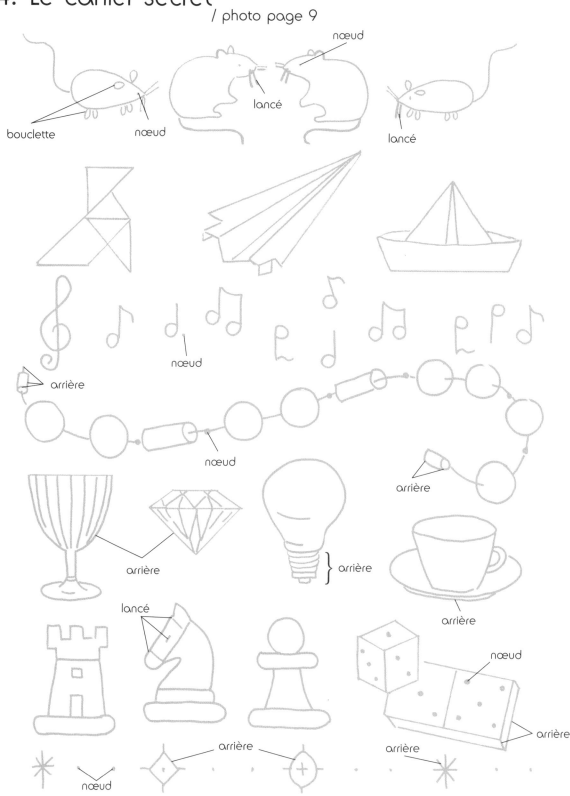

bouclette
noeud
noeud
lancé
lancé

arrière
noeud
noeud
arrière
arrière
arrière
arrière
noeud
arrière
lancé
arrière
arrière
noeud

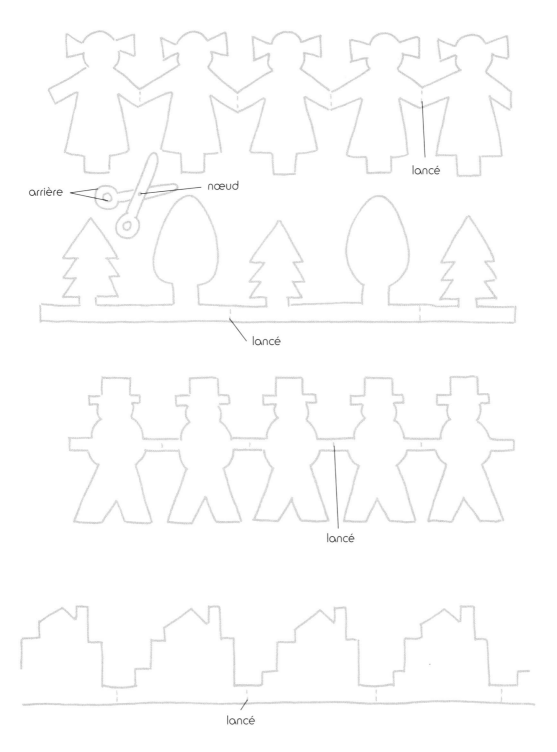

arrière

nœud

lancé

lancé

lancé

lancé

5. Les petits cadres

/ photo pages 10-11

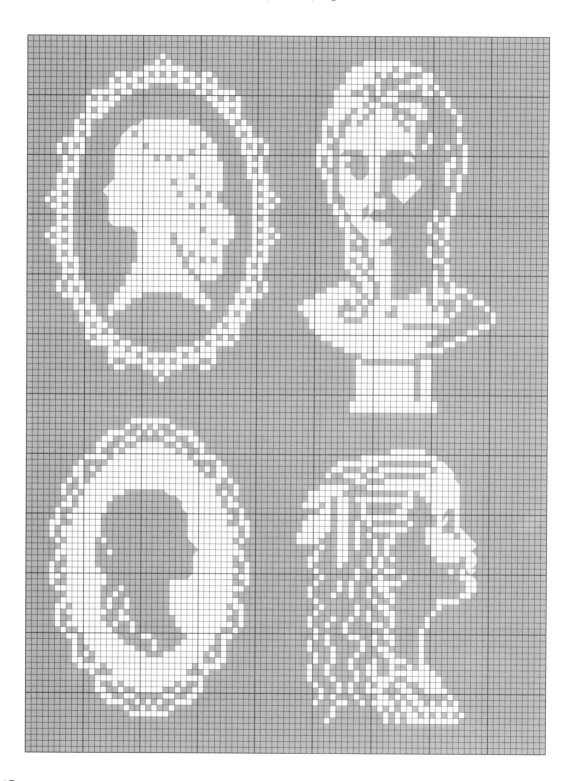

7. L'étole

/ photo page 13

arrière

nœud

bouclette

lancé

nœud

arrière

bouclette

nœud

lancé

nœud

lancé

8. La lampe

/ photo page 14

arrière

arrière

bouclette

bouclette

bouclette

lancé

arrière

nœud

lancé

arrière

lancé

nœud

bouclette

lancé

nœud

arrière

nœud

/ photo page 15

10. Les piquets du jardin
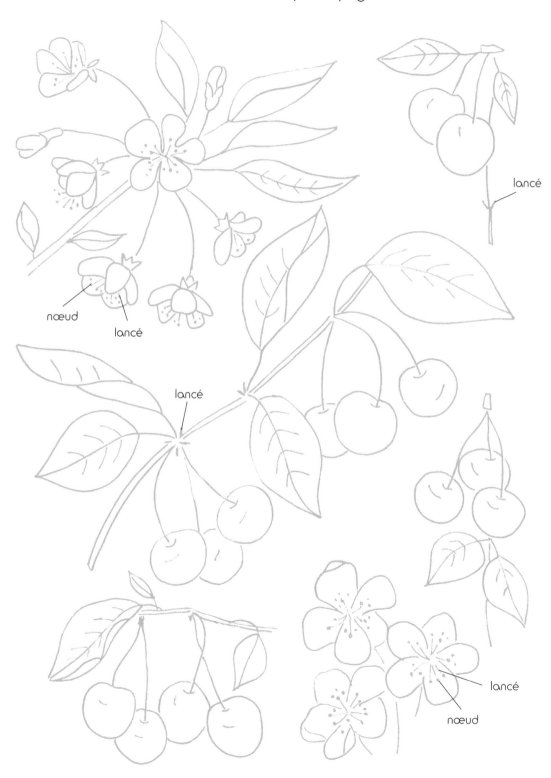
/ photo pages 16-17

nœud

lancé

lancé

lancé

lancé

nœud

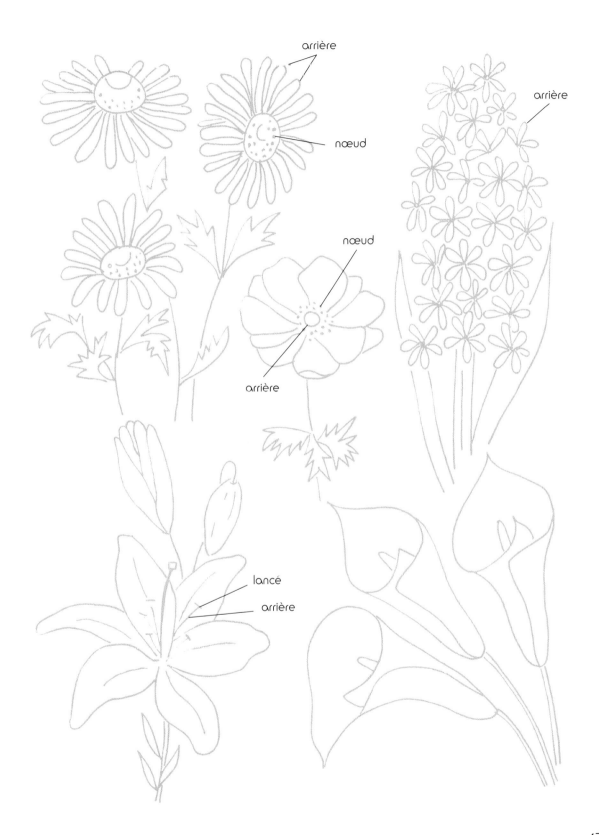

arrière

nœud

arrière

nœud

arrière

lancé

arrière

11. L'atelier de brodeuse
/ photos pages 18-19

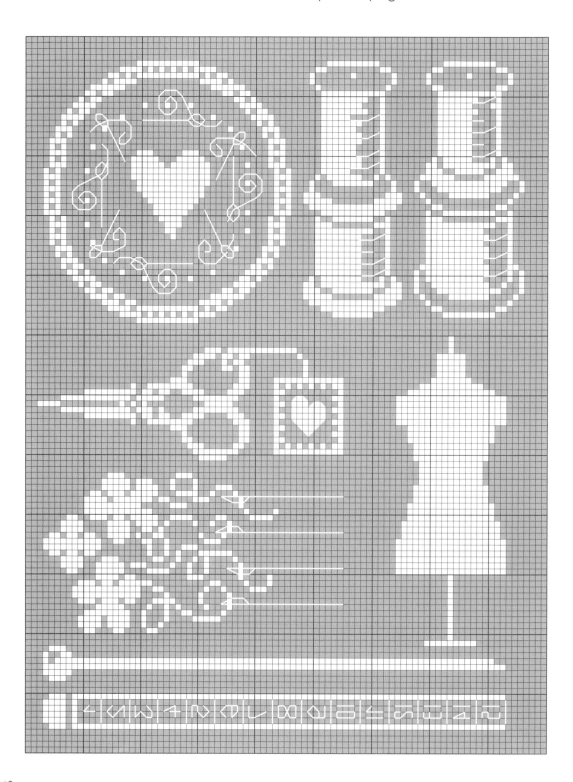

12. Les torchons
/ photo page 20

tige

tige

bouclette

lancé

bouclette

13. Le tablier
/ photo page 21

nœud

bouclette

arrière

bouclette

bouclette

arrière

bouclette

nœud

bouclette

nœud

nœud

arrière

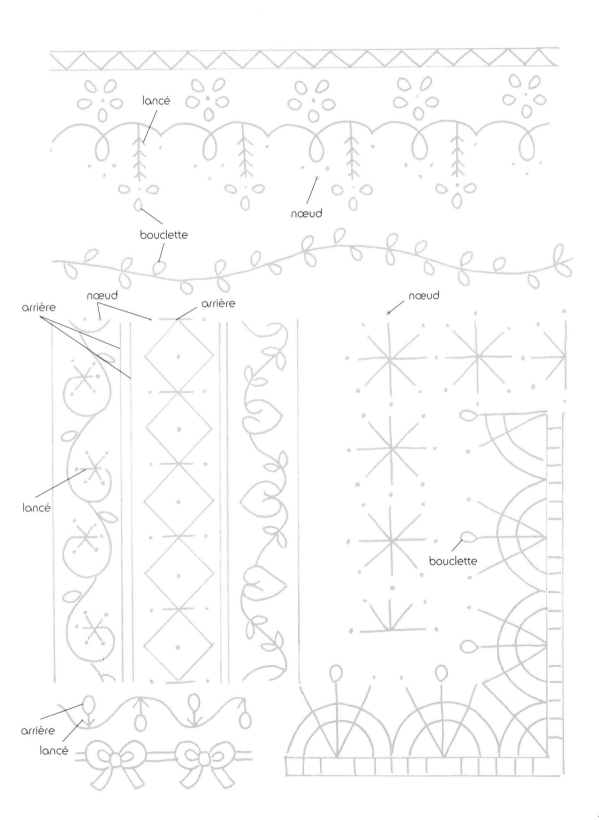

lancé

bouclette

nœud

nœud

arrière

nœud

arrière

nœud

lancé

bouclette

arrière

lancé

14. Les serviettes de bain

/ photo page 22

15. Les serviettes à thé

/ photo page 23

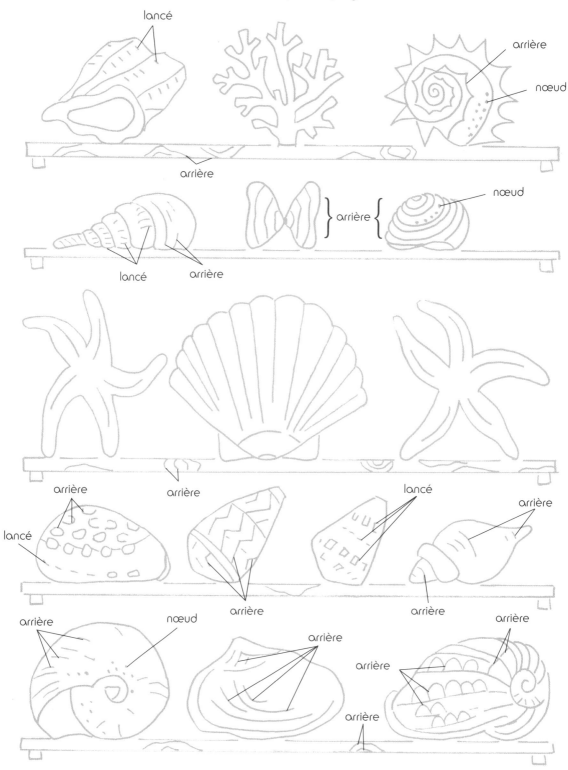

lancé

arrière

nœud

arrière

nœud

arrière

lancé

arrière

arrière

arrière

lancé

lancé

arrière

arrière

arrière

arrière

arrière

nœud

arrière

arrière

arrière

arrière

arrière

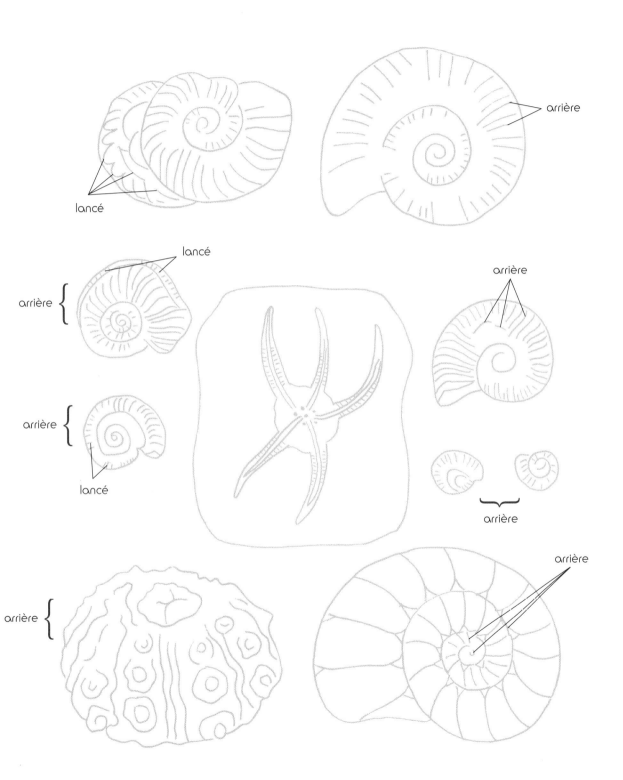

lancé

arrière

lancé

arrière

arrière

arrière

lancé

arrière

arrière

arrière

16. La taie d'oreiller

/ photo page 24

19. Le vase

/ photos page 29

17. Les pots à confiture

/ photo page 25

18. Le carnet de broderie

/ photo page 26

table des matières

carnet d'adresses

La Croix & la Manière
www.lacroixetlamaniere.com

Sajou
www.sajou.fr

Comptoir de famille
www.comptoir-de-famille.com

Truffaut
www.truffaut.com

BHV
www.bhv.fr

DMC Creative World
www.dmc.com

remerciements

Merci à Christine et à Nathalie pour leurs doigts de fées... à Joëlle et à Pierre pour nous avoir ouvert leur maison.

Dépôt légal : 88930 - Septembre 2007
ISBN : 978-2-501-05570-3
40.4475.6 / 01
Imprimé en Asie

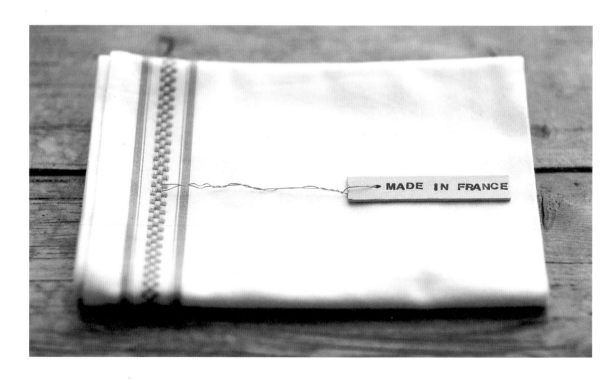